Der Fürst von Liechtenstein vor seinem Schloss – heute ist es ein Museum.

Dein Tag im Barock ...

Stell dir vor, du wärst vor 350 Jahren auf die Welt gekommen. Wie hättest du gewohnt? Wärst du in die Schule gegangen? Wie waren die Kinder damals angezogen? So wie wir heute? Auf viele solcher Fragen können uns nur Kunstwerke eine Antwort geben, denn Fotos oder Filme gab es damals noch nicht. Wenn wir 350 Jahre zurückreisen, treffen wir viele Menschen, die für barocke Kunst schwärmen.

Kunst, das sind Bilder, aber auch Kirchen und Schlösser, Figuren aus Holz und noch viel mehr. Kunst ist damals nichts Neues. Neu ist aber die Art und Weise, auf die Künstler im Barock malen, bauen und schnitzen. Je verschnörkelter, desto lieber. Je schwungvoller, desto besser. Diese Kunst nennen wir Barock.

Auf den nächsten Seiten lernst du viele Kunstwerke kennen. Der kleine Engel begleitet dich dabei und erklärt dir, wie du mit und in der Kunst spielen kannst.

Die bunten Zeichen (Icons) rechts zeigen dir, wo du etwas Interessantes oder Lustiges über diese vergangenen Zeiten erfahren kannst und wo du suchen, rätseln oder selbst etwas malen oder zeichnen sollst. Die Auflösungen der Rätsel findest du ganz hinten im Buch auf Seite 48.

Viel Spaß an Deinem Tag im Barock!

verstehen

sehen

malen

rätseln

zeichnen

lachen

Bitte lächeln!

Herzlich Willkommen im Barock! Das ist Clara, die vor fast 400 Jahren geboren wurde. Sie war die Tochter eines berühmten Malers, Peter Paul Rubens. Er wollte gerne eine Erinnerung an sie haben, so wie deine Familie Kinderfotos von dir hat. Nur gab es im Barock eben noch keine Fotos. Clara sieht ganz fröhlich aus, oder? Und so lebendig, gar nicht wie ein Bild. Es war bestimmt ganz schön schwer, für das Bild stillzusitzen. Denn Clara ist gerade erst fünf Jahre alt, als ihr Vater sie malt.

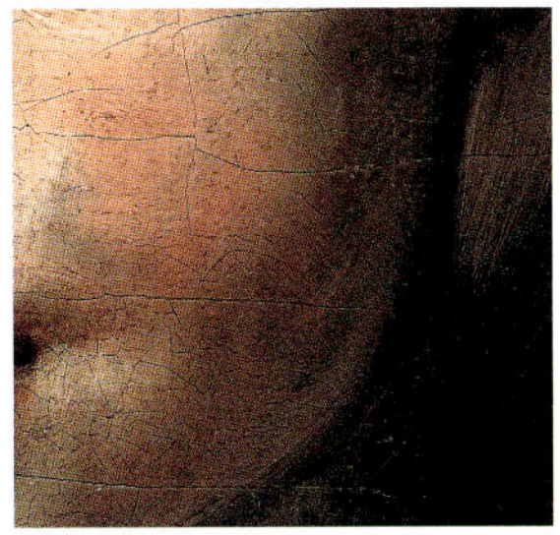

Schau dir mal die Wangen von Clara an. Man könnte denken, ihr Vater hat einen Apfel gemalt.

Wo stecken diese vier Kinder?

Im Buch haben sich diese vier Kinder versteckt. Versuche sie zu finden und schreibe die richtigen Seitenzahlen in die Kreise auf den Bildern.

Wer schläft denn in der Küche?

Wie wohnten die Leute denn damals? Werfen wir einen Blick in die Küche! Lecker! Hier sitzt eine fröhliche Familie zusammen und lässt es sich schmecken. Die Kinder spielen zwischen den Erwachsenen. Auf dem offenen Feuer im Kamin kocht das Essen. In der Küche wurde nicht nur gegessen, sondern oft auch geschlafen. Gar nicht selten wohnten Eltern, Großeltern und Kinder in einem einzigen Raum. Solche Alltagsbilder sind für uns interessant, weil wir durch sie erfahren, wie die Menschen damals gelebt haben. Kannst du dir vorstellen, kein Zimmer zum Spielen zu haben?

Was hat das kleine Mädchen auf den Boden fallen lassen?
Ein Ei *!*
Glaubst du, das war schlimm?

Lirum Larum Löffelstiel ...

Schau dir das große Bild genau an. Wieviele Küchengeräte kannst du finden? Male sie ab und schreibe die Namen dazu! Findest du noch anderes?

Löffel

Das ist kein Bild an der Wand, sondern eine Tischplatte von oben betrachtet.

Darf man darauf essen?

Wenn man nur einen einzigen Raum hat, braucht man auch nicht viele Möbel. Bänke zum Sitzen, einen Tisch zum Essen. Und ein Bett, oder? Nicht unbedingt, die Bauern schliefen meistens auf Stroh, und selbst wenn sie Betten hatten, lagen darin keine weichen Matratzen, sondern mit Stroh gefüllte Säcke. Und daneben stand dann so ein kostbarer Tisch? Nein. Der gehörte nicht in ein Bauernhaus, sondern ins Schloss des Fürsten von Liechtenstein. Die Tischplatte hat ein Künstler aus vielen kleinen bunten Steinchen zusammengesetzt. Das nennt man Mosaik. Bestimmt war der Fürst ganz schön stolz darauf.

Ob der Fürst diese Tiere wohl auch in echt gerne auf dem Tisch sitzen gehabt hätte?

„Was auf dem Tisch steht, wird gegessen!“

Früher war das ein beliebter Spruch der Eltern, wenn die Kindern mal wieder etwas nicht essen wollten. Zum Glück schmeckt das Essen heute viel besser als damals! Nun sieh dir die Tischplatte mal genau an. Was müsste denn der Fürst hier alles runterschlucken?

T ___mm______ **F** r__________ **E** i___chs_____ **K** ___ne______

M üh__________ **P** f___i_______ **T** ___rm______ **W** ___pp______

Dein persönlicher Prunktisch-Entwurf

Auf der vorangegangenen Seite hast du den Prunktisch des Fürsten Liechtenstein gesehen. Wie sieht deine Prunktischplatte aus?

Ein Stillleben mit Steinkrug und Silberbecher

Unten findest du eine unvollendete Vorzeichnung eines berühmten holländischen Gemäldes. Zeichne, male und ergänze das Stillleben ganz nach deinen Vorstellungen. Auf Seite 48 kannst du vergleichen.

Solche Bilder nennt man Stillleben. Warum, denkst du, heißen sie so?

Ist das denn gesund?

Wie wäre es denn jetzt mit einem leckeren Frühstück? Ein knuspriges Brötchen mit Schinken liegt schon bereit. Aber Wein am frühen Morgen? Tatsächlich wurde früher mehr Wein getrunken als Wasser. Das Trinkwasser war sehr schlecht, und Getränke wie Limonade und Kakao waren viel teurer als Wein. Die meisten Menschen konnten sie sich gar nicht leisten. Gegessen wurden viele Speisen aus Eiern und Mehl, Suppen und Brot sowie Rindfleisch, das aber schon teurer war. Übrigens aßen die Leute meistens mit den Fingern, Gabeln waren nicht sehr beliebt.

Glas war damals sehr kostbar. Deshalb haben die Leute meistens aus Ton - oder Zinnbechern getrunken.

Da stimmt was nicht!

Ist dem Maler hier der Pinsel ausgerutscht? Vergleiche das große Bild links mit dem kleinen rechts. Fünf Unterschiede haben sich da versteckt. du findest sie bestimmt alle!

Strümpfe waren im Barock aus Seide und mussten mit Bändern gehalten werden, damit sie beim Gehen nicht rutschten.

In Samt und Seide

Welche Kleider sie trugen, war den Menschen im Barock sehr wichtig! Denn an ihrer Kleidung konnte man sofort erkennen, aus welcher Schicht der Gesellschaft sie stammten. Im Barock war genau vorgeschrieben, was ein Bauer und was ein Adeliger anziehen durfte.

Maria zum Beispiel, die junge Dame auf dem Bild, war die Tochter des kaiserlichen Postmeisters. Deshalb durfte die Neunzehnjährige ein kostbares Seidenkleid tragen und einen Fächer aus Federn benutzen.

Die Kleidung der Bauern war aus einfachen Stoffen und kaum verziert.

Kleider machen Leute

Schau dich mal im Buch genau um! Da siehst du allerlei Leute mit Kopfbedeckungen. Welche von ihnen waren reich und welche arm? Findest du die Beispiele wieder? Trage die Seitenzahlen in die Kästchen ein!

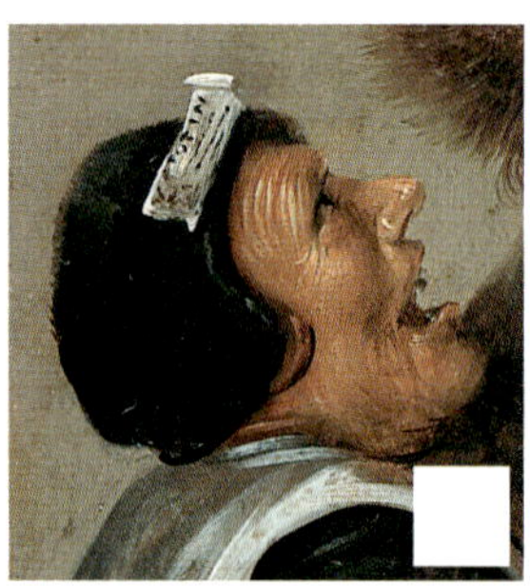

Heute ist Badetag!

Haben wir da nicht was vergessen? Doch: das Waschen. Ab ins Bad! Aber das sahen die Menschen im Barock ganz anders. Sie hatten Angst, Wasser könnte ihrem Körper schaden. Deshalb rieben sie sich einfach trocken ab und fanden sich danach sauber. In Wirklichkeit haben die Leute aber ganz schön gestunken. Nur die Reichen konnten sich Parfum leisten, um den unangenehmen Körpergeruch zu überdecken. Die Jungen und Männer auf unserem Bild wirken aber gar nicht wasserscheu. Ganz im Gegenteil – sie scheinen Spaß zu haben beim Bad im Freien.

Baden ist ja auch etwas anderes als Waschen! Ob er wohl seine Kleidung waschen will?

Über diese Brücke willst du gehen?

Über diese wackelige Brücke traut sich doch niemand zu gehen! Nimm einen Stift und repariere sie: Zeichne einfach die fehlenden Stützen und Balken dazu!

Lesen kann doch jeder, oder?

Richtig schick sind sie, die beiden Brüder. Nikolaus, der kleinere, spielt mit einem Vogel, den er an eine Stange gebunden hat. Albert hält ein dickes Buch unter dem Arm. Ob das ein Schulbuch ist? Wahrscheinlich nicht, denn im Barock gab es gar nicht viele Schulen. Die Kinder von Bauern oder Handwerkern mussten ihren Eltern auf dem Feld oder in der Werkstatt helfen. Da blieb keine Zeit, um Lesen oder Schreiben zu lernen. Rubens Söhne hatten Glück, denn ihr Vater war ein erfolgreicher Maler und konnte seine Kinder in die Schule schicken.

Die Kinder des Malers

Die beiden Söhne von Rubens haben noch eine kleine Schwester. Du kennst sie schon von Seite 4. Kannst du dich an ihren Namen erinnern? Ergänze die Namen der Geschwister unter den Bildern!

Clara

Albert

Nikolaus

Vielleicht ist die Schule doch nicht so schlecht?

Die meisten Kinder gingen im Barock gar nicht zur Schule. Sie wohnten auf dem Land, wo der größte Teil der Menschen lebte, und halfen ihren Eltern auf dem Feld oder beim Füttern der Tiere. Die Höfe gehörten nicht den Bauern, sondern den Grundherren. Das waren reiche Leute, von denen die Bauern ihre Felder und Häuser liehen. Dafür mussten sie einen Teil der Ernte bei ihrem Grundherren abliefern, manchmal mussten sie auch für ihn arbeiten. Ein Zuckerschlecken war das Landleben im Barock nicht, und die Ernte war selten so gut wie auf dem Bild.

Die Frau in dem Wagen, der von zwei Löwen gezogen wird, ist die Erdgöttin Ceres. Der Sage nach hat sie die Menschen den Getreidebau gelehrt. Sie wird auch Demeter genannt.

Du bist jetzt der Künstler!

Welche dieser Ausschnitte passen nicht in das große Bild. Streiche die falschen Teile durch!

Wohnst du in der Stadt ...

Gab es damals schon Städte? Ja, sie waren nur kleiner als heute. Die größten Gebäude dort waren die Kirchen, das zeigt auch unser Bild. Alle anderen Häuser sind kleiner und stehen dicht beieinander. Die Menschen in den Städten arbeiteten als Handwerker oder Händler. Auch das Stadtleben hatte seine Schattenseiten: Tatsächlich gab es ja noch kein elektrisches Licht und die Nächte waren finster und gefährlich. Und dreckig war es auch, denn man durfte seinen Abfall einfach auf die Straße schütten! Gut, dass das vorbei ist!

Die Kirche war wie ein Treffpunkt, an dem es oft gar nicht so ehrfurchtsvoll zuging. Die Leute unterhielten sich, lachten laut, und sie ritten sogar mit dem Pferd in die Kirche.

... oder auf dem Land?

Auf dem Lande war das Leben ruhig aber sehr einfach und deshalb auch hart. Es gab keinen Luxus und vieles musste von Hand getan werden.
Schon damals nutzte man aber Wind- und Wasserkraft, um die Mühlen anzutreiben.

Male dir deine Stadt

Die Künstler haben beim Malen oft ihrer Fantasie freien Lauf gelassen und zum Beispiel eine echte Stadt in eine erfundene Landschaft gestellt. Das kannst du bestimmt auch. Male hier deine Stadt oder dein Dorf in eine Landschaft, in der du gerne leben möchtest.

Zahlenrätsel zum Zeichnen

Auf einem Papier haben wir viele Zahlen gefunden, die wild durcheinander auf der Seite verteilt sind. Kannst du herausfinden, um was es sich dabei handelt? Verbinde die Zahlen der Reihe nach mit einer Linie und ergänze was noch fehlt!

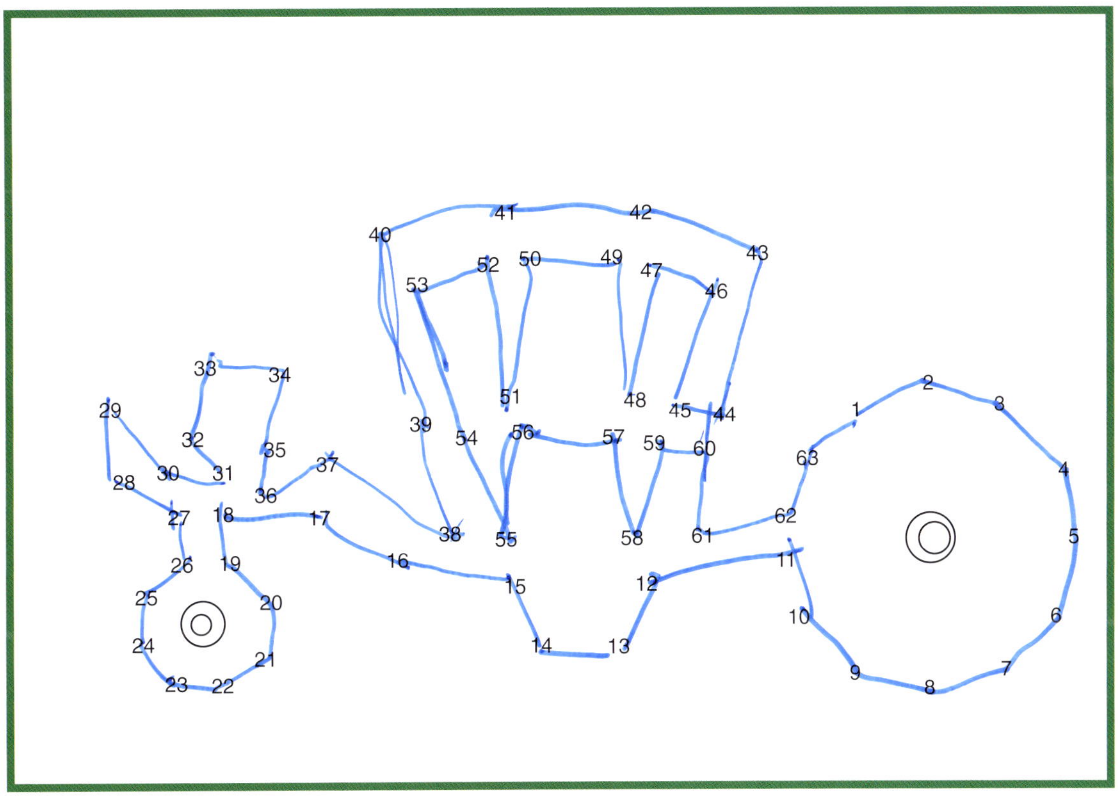

Erkennst du
die Kutsche wieder?

Darf ich mitfahren?

Wie kam man denn vom Land in die Stadt? Etwa in einer solchen Kutsche? Nein, damit fuhr nur der Fürst bei besonderen Gelegenheiten. Um darin vorwärts zu kommen, spannte man Pferde vor den Wagen, die ihn zogen. Aber die einfachen Leute, wie zum Beispiel Bauern, brauchten ihre Pferde für die Arbeit auf dem Feld. Also gingen die meisten Menschen einfach zu Fuß.
Umso mehr Aufsehen erregte man mit einem so schönen Wagen.
Sogar wir staunen ja heute, wenn wir auf der Straße zwischen all den Autos eine Kutsche entdecken.

Weißt du, wie viele Engel singen?

Im Barock haben die Künstler sehr gerne kleine Engel dargestellt. Sogar die Kutsche ist mit Engeln bemalt. Wie viele kannst du in diesem Buch finden? Zähle sie und schreibe das Ergebnis in das runde Feld.

131

Wenn einer eine Reise tut ...

Ob man auf dem Land wohnt oder in der Stadt, verreisen wollen doch alle mal! Klar, wir schon, für uns ist Reisen im Auto oder Zug ja auch sehr bequem, aber im Barock war es kein Vergnügen. Selbst wenn jemand eine Kutsche besaß, wurde er auf den holprigen Wegen ganz schön durchgerüttelt. Oft brachen auch die hölzernen Räder und der ganze Wagen kippte um. Und steile Strecken wie die im Gebirge auf dem Bild ging man meistens besser zu Fuß, da der Wagen gar nicht hinaufkam.

Statt mit Lastwagen hat man die Waren auf kräftigen Pferden über die Alpen transportiert. Das war ziemlich mühselig und gefährlich.

Auf Schusters Rappen ...

Wir reisen heute auf dem Land, auf dem Wasser und sogar in der Luft. Schreibe oder zeichne auf, womit man heute verreist und was man damals zum Reisen benützen konnte:

Damals	Heute

Wer ist eigentlich der Herr im Haus?

Erinnerst du dich an die junge Frau mit dem schönen Kleid am Anfang des Buches? Sie gehörte zur oberen Schicht der Gesellschaft, genau wie Fürst Joseph Wenzel, übrigens Besitzer der prächtigen Kutsche, die wir bereits bewundert haben. Er ließ sich in seiner glänzenden Rüstung malen. Für adelige Männer war es damals Mode, lange Haare zu haben. Aber sie sind nicht echt. Der Fürst trägt eine Perücke, die weiß gepudert ist. Nicht nur Herrscher ließen sich in Bildern verewigen. Wie wir gesehen haben, wurden auch Kinder gemalt. Weißt du noch, wer sie waren?

Die heutigen Herrscher tragen keine Perücken mehr, unter denen man schwitzt und die Kopfhaut juckt. Aber woran erkennt man denn die Mächtigen von heute?

Der Hermelinmantel

Schau dir den Mantel des Fürsten genau an! Den hat er sich aus vielen kleinen Hermelinfellen nähen lassen. Die kleinen Schwänze der Tiere sind noch zu sehen. Zähle die schwarzweißen Schwänze am Umhang und versuche zu schätzen, wie viele Felle für einen solchen Mantel gebraucht wurden!

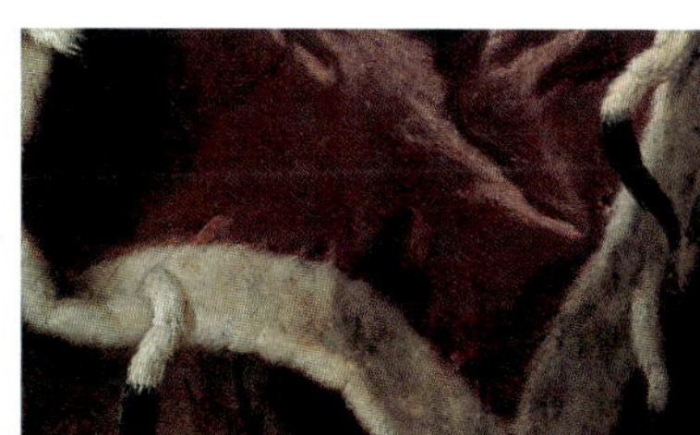

Kriege und Helden

Wenn wir die Abbildung im Buch sehen, fällt uns gar nicht auf, dass die Figuren auf dem echten Bild fast so groß sind, wie wirkliche Menschen. Und wie sie sich darauf drängen! Umso schrecklicher wirkt die gemalte Schlacht, in der ein römischer Soldat von einer Lanze getroffen wird und von seinem Pferd fällt. Er war ein Held im alten Rom. Für die Menschen des Barock waren solche Szenen aber weniger Geschichte, als vielmehr ihr Alltag. Kriege gehörten ebenso in diese Zeit wie die prachtvolle Kunst.

Herrscher haben sich gerne als Helden dargestellt, gerade auch wenn sie es nicht wirklich waren.

Diese armen Pferde!

Die Pferde mussten immer mit in den Kampf ziehen, obwohl sie vielleicht lieber nicht kämpfen wollten. Viele mussten dabei ihr Leben lassen. Auch hier sind einige Pferde in den wilden Kampf verwickelt. Kannst du sie alle wiederfinden?

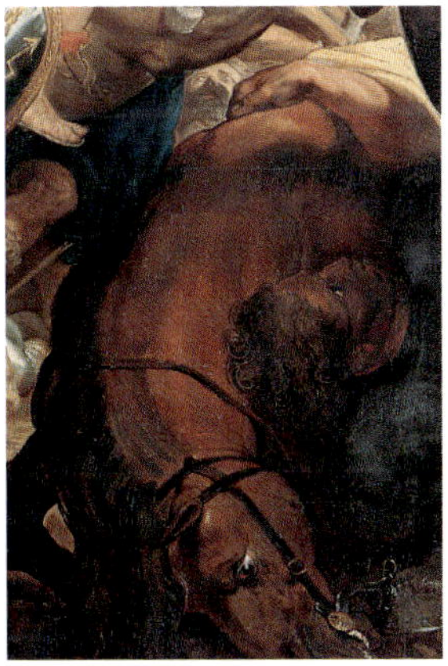

Hier fehlt noch ein schöner Rahmen. Male doch einfach einen passenden um das Bild!

Wer wird Bohnenkönig?

Es gab auch friedliche und fröhliche Tage. Was machte man denn wohl an Feiertagen? Da wurde gefeiert! Das war im Barock nicht anders als heute. In Holland gab es zum Beispiel am 6. Januar, dem Tag der Heiligen Drei Könige, ein Fest. Dabei wurde ein Hefekuchen gegessen, in den eine Bohne eingebacken wurde. Derjenige, der in seinem Kuchenstück die Bohne fand, durfte sich für diesen Tag wie ein König fühlen – sogar mit Papierkrone. Musik gehörte schon damals mit zum Leben, bei solchen Festen, zu Hause, aber auch in der Kirche.

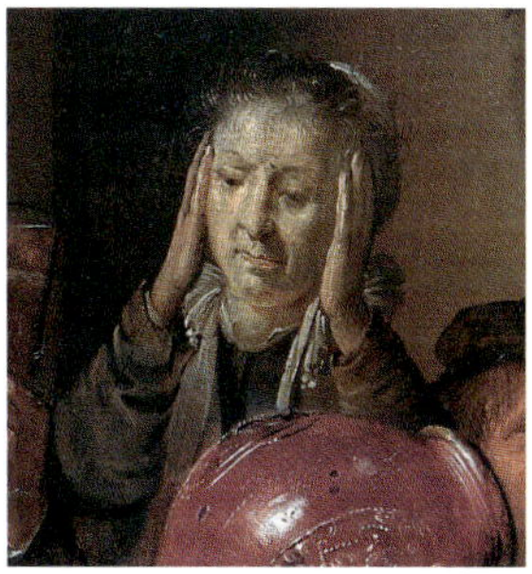

Eine Frau hält sich die Ohren zu. Vielleicht singen die anderen zu laut oder zu falsch?

So sieht die Krone vom Bohnenkönig aus.

Wer singt denn hier so schön?

Feste feiern und singen kannst du bestimmt auch! Und sicher kennst du einige Spiele von Geburtstagsfesten. Für das Bohnenspiel braucht man eine Bohne, einen Kuchen und eine Krone. Die kannst du dir ganz einfach selbst aus einem großen Bogen Papier basteln. Einfach zusammenrollen und große Zacken herausschneiden. Mit bunten Edelsteinen und Gold bemalen und an den Enden zusammenkleben. Das Lied des Bohnenkönigs ist leider verloren gangen, da musst du ein neues erfinden und laut vorsingen!

Wo geht es hier zur Kirche?

Stimmt! In der Kirche waren wir noch gar nicht. Wenn die Menschen dort für ihre Familien beteten, gaben ihnen Bilder wie das des auferstandenen Christus neuen Mut. Und den brauchten sie dringend, denn gegen Kriege konnten die Menschen früher genauso wenig unternehmen wie gegen die vielen schlimmen Krankheiten. Die Pest und andere Seuchen breiteten sich schnell aus, und kein Arzt konnte helfen. Oft starben Tausende von Menschen in nur wenigen Tagen. Davor hatten die Leute große Angst. Sie wurden übrigens höchstens halb so alt wie wir heute.

Der Fuß auf dem Totenschädel soll bedeuten, dass Jesus den Tod besiegt hat und ebenso die Sünde, die als Schlange dargestellt ist.

Welche Religionen kennst du?

Neben dem Christentum gibt es noch viele andere Religionen auf der Welt. Einige sind viel älter. Welche Religionen kennst du? Versuche in jedem Kästchen etwas über die verschiedenen Religionen zu zeichnen!

D · TENIERS · FEC

Feste feiern, wie sie fallen ...

Gerade weil das Leben so kurz war, haben die Menschen gerne gefeiert. Genau wie wir manchmal abends essen gehen, zogen auch sie in Wirtshäuser, wo man gemeinsam aß, trank und sich unterhielt. Oft wurde dort auch musiziert und getanzt. Die Stimmung der Menschen auf unserem Bild ist ausgelassen, sie freuen sich über die Pause nach ihrem anstrengenden Tag. Und wenn du dich an ihre einfachen Häuser zurückerinnerst, kannst du dir vielleicht vorstellen, wie schön ein solcher Ausflug für sie gewesen sein muss.

Diese alte Frau würde wohl gerne auch mitfeiern. Warum nur traut sie sich nicht herein? Findest du sie auf dem Bild?

Ein Vogel als Spielzeug?

Nikolaus, der Sohn des Malers Peter Paul Rubens, hat ein seltsames Spielzeug: Er hat einen Stieglitz an einen dünnen Faden gebunden und lässt ihn umher flattern. Auf dem Stock mit den zwei Göckchen kann der kleine Vogel sitzen und sich ausruhen. Mit Tieren hatte man damals wenig Mitgefühl.

Wo sind die Künstler?

Auf den anderen Seiten hast du jede Menge Bilder kennen gelernt, eine Barockkutsche und sogar einen prächtigen Tisch – aber wo sind die Künstler, die all das geschaffen haben? Einige von ihnen kannst du auf dem Bild entdecken: Ein Musiker lehnt sich mit seiner Geige aus dem Fenster, hinter ihm steht ein Maler im Raum. Und offenbar waren noch mehr Künstler hier tätig: Einer von ihnen hat aus Stein ein Bild gehauen, das unter dem Fenster zu sehen ist, ein anderer hat den bunten Teppich geknüpft.

Was für uns heute das Radio ist, war für die Menschen damals der Singvogel im Käfig an der Wand. Einige wurden nur den Winter über gefangen gehalten und im Frühjahr wieder freigelassen.

In allem steckt Musik ...

In diesem Buch sind viele Instrumente abgebildet. Findest und kennst du sie alle? Schreibe oder zeichne auf, welche du gefunden hast! Spielst du selbst auch ein Instrument?

Die unsichtbare Decke

Nicht jedes Bild braucht einen Rahmen. Hier hat ein Künstler einfach an die Decke gemalt! Aber in einer besonderen Technik, so dass wir glauben, die Säulen und Geländer wären echt. Dieser Raum heißt Herkulessaal. Herkules war ein Halbgott, der viel Kraft und Mut besaß. Weil er ein so tapferer Mann war, wurde er schließlich sogar in den Götterhimmel aufgenommen. Vielleicht guckte auch der Fürst hier manchmal an die Decke und träumte davon, so stark zu sein wie Herkules.

Wenn man im Herkulessaal das Deckengemälde betrachtet, nach oben schaut und sich dabei um sich selbst dreht, kann einem ganz schön schwindlig werden.

Alles dreht sich ...

Egal wie man das Bild auch dreht, es steht nie auf dem Kopf und man entdeckt immer wieder neue Figuren und Geschichten über Herkules. Unten siehst du drei seiner Heldentaten. Versuche, sie auf dem großen Bild zu finden!

Ein Götterhimmel an der Decke ...

Wann war denn der Barock?

Ganz genau lässt sich der Barock zeitlich nicht festlegen. Aber zwischen ungefähr 1600 und 1750 fasste der Kunststil von Rom aus in Europa Fuß. Die Kunst dieser Zeit hat viele Gesichter: Wir haben holländische Bilder mit Alltagsszenen gesehen und Fresken eines italienischen Malers, der griechische Götter zum Leben erweckt hat. Für Kirchen wiederum schufen Künstler andere Werke als für die Wände eines Schlosses.

Viele Kunstwerke aus dem Barock sind wundervoll. Aber sie können nicht darüber hinwegtäuschen, dass es den meisten Menschen in dieser Zeit schlecht ging. In ganz Europa wurden damals schlimme Kriege ausgetragen. Meistens kämpften die Menschen wegen unterschiedlicher Religionen gegeneinander, einer dieser Kriege dauerte sogar 30 Jahre!

In dieser Zeit mussten viele Bauern als Soldaten kämpfen. Deshalb hatten sie wenig Zeit, um auf ihren Feldern zu arbeiten und sich um die Ernte zu kümmern. Oft hatten die Menschen deshalb nicht genug zu essen und viele von ihnen mussten verhungern.

Das Leben der Bauern und Soldaten war also gar nicht so einfach. Anders sah es bei den wenigen Reichen aus.

Diese Könige oder Fürsten lebten in großen Häusern inmitten schöner Gärten. Oft feierten sie tagelang rauschende Feste mit Tanz, Musik und Feuerwerk. Viele von ihnen begeisterte die Kunst. Sie kauften sich Bilder und Figuren, und sie sammelten auch seltene Steine oder besonders schöne Möbel. Ihre Schätze bewahrten sie in bestimmten Räumen ihrer Häuser auf, den Kunstkammern. Kamen Freunde oder andere Herrscher zu Besuch, zeigten sie ihnen voller Stolz die gesammelten Werke.

... und die Wände „tapeziert" mit Bildern.

So war es auch bei den Fürsten von Liechtenstein. Schon vor 400 Jahren haben sie angefangen, Kunst zu sammeln. Die Bilder, Möbel und Figuren wurden immer mehr. Schließlich waren so viele Sachen zusammen gekommen, dass die Familie ihnen ein eigenes Haus baute. Darin ließen sie sogar an manche Wände und Decken Bilder malen, wie den Götterhimmel. Heute ist das ganze Haus ein Museum, das LIECHTENSTEIN MUSEUM – und immer wieder kommen neue Kunstwerke hinzu!

Was bedeutet das Wort „Barock" ?

Und was heißt nun „barock"? Der Begriff stammt vom portugiesischen Wort „barucca" für eine schief gewachsene Perle. Zunächst war „barock" ein Schimpfwort für Werke, die zu verziert und bewegt schienen.
Aber am Ende hat es sich als Bezeichnung für die Epoche durchgesetzt: Barocke Kunst ist eben voller Kraft – aber dafür bestimmt nicht langweilig!

Die Bilder in diesem Buch:

Die Rätselauflösungen

Seite 5 — Die Kinder finden sich auf den Seiten 20 , 42, 34 und 6.

Seite 7 — Das Mädchen hat ein Ei fallen lassen.

Seite 9 — Die Begriffe lauten: Trommel, Frosch, Eidechse, Krone, Mühle, Pfeil, Turm, Wappen.

Seite 11 — Links oben siehst du, wie das Stillleben von Jan Davidsz. de Heem (1606-1684), Früchtestillleben mit Steingutkrug und Silberbecher, 1648, fertig gemalt aussieht.

Seite 12 — Stillleben heißen diese Bilder, weil sie viele Dinge ganz unbewegt nebeneinander zeigen, eben still.

Seite 13 — Die roten Kreise zeigen wo wir das Stillleben etwas verändert haben.

Seite 14 — Die Kopfbedeckungen sind auf den Seiten 6, 34, 20 und 41 zu finden.

Seite 18 — Die drei Kinder von Rubens heißen Clara, Albert und Nikolaus.

Seite 21 — Die falschen Puzzleteile sind durchgestrichen.

Seite 27 — Wir haben 56 Engel gezählt. Du auch?

Seite 31 — 31 Hermelinschwänzchen kann man sehen.

Seite 33 — 4 Pferde sind in diesen wilden Kampf verwickelt.

Seite 37 — Nicht alle Weltreligionen haben ein eigenes Zeichen. Diese drei Religionen glauben an einen einzigen Gott: das Christentum, der Islam, das Judentum.

Seite 40 — 2 Geigen (Seiten 34 und 41) und 1 Gitarre (Seite 38).

Seite 43 — Die gesuchten drei Heldentaten des Herkules auf dem Deckengemälde finden sich in den roten Kreisen.